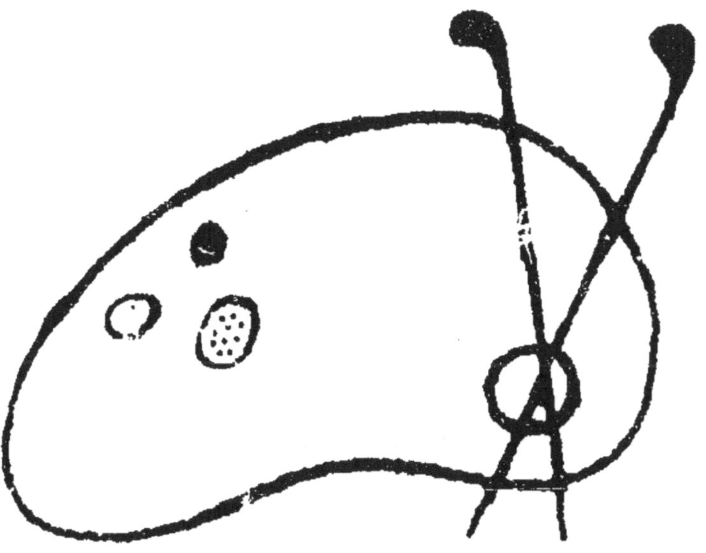

Début d'une série de documents
en couleur

LES
ANCIENS IMPRIMEURS

CERTIFICAT

DE

L'EXAMEN UNIVERSITAIRE D'UN IMPRIMEUR ROUENNAIS

Par J. FÉLIX

ROUEN

IMPRIMERIE DE ESPÉRANCE CAGNIARD

rues Jeanne-Darc, 88, et des Basnage, 5

1883

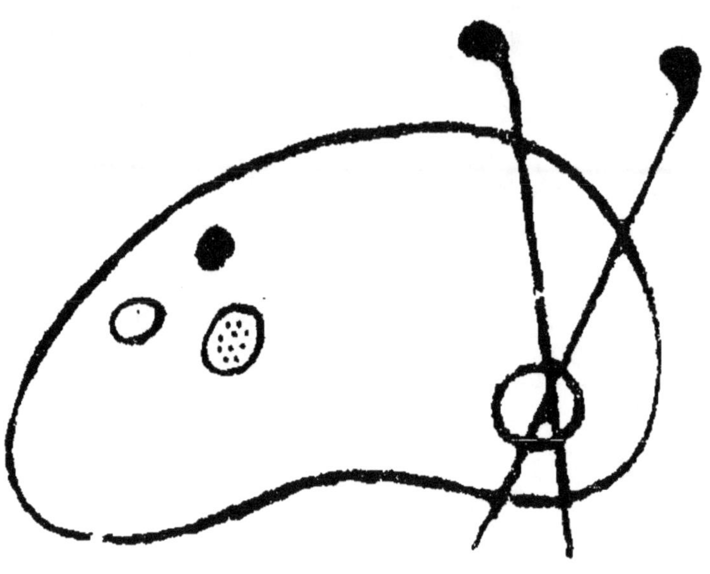

Fin d'une série de documents
en couleur

Monsieur Léopold Delisle,

membre de l'Institut,

hommage de respect et de reconnaissance,

[signature]

LES ANCIENS IMPRIMEURS

CERTIFICAT DE L'EXAMEN UNIVERSITAIRE D'UN IMPRIMEUR ROUENNAIS

LES
ANCIENS IMPRIMEURS

CERTIFICAT

DE

L'EXAMEN UNIVERSITAIRE D'UN IMPRIMEUR ROUENNAIS

Par J. FÉLIX

ROUEN

IMPRIMERIE DE ESPÉRANCE CAGNIARD

rues Jeanne-Darc, 88, et des Basnage, 5

—

1883

« Le *moi* est haïssable. » Si je fais trop facilement peut-être une concession à l'autorité imposante de Pascal lorsque je trouve ce mot dans la bouche d'autrui, l'on me pardonnera d'hésiter à partager son opinion quand je me hasarde à raconter une impression toute personnelle.

Entrant, il y a quelques semaines, dans la boutique d'un libraire, j'y fus témoin d'une scène conjugale dont la nature ne réclamait aucune intervention étrangère, et qui, grâce à la bonne humeur et au caractère des époux, ne pouvait m'exposer aux mésaventures de l'officieux protecteur offert par Molière à l'épouse maltraitée du Médecin malgré lui. La maîtresse de la maison racontait à son mari les incidents du roman récemment paru qu'elle tenait ouvert devant elle ; celui-ci, en commerçant sérieux qui sait que le temps est un capital, comme disent nos voisins d'outre-Manche, semblait vouloir excuser aux yeux de l'acheteur une distraction tolérée aux devoirs de la profession, et répondait au récit animé de sa femme par ce vœu dogmatique qu'un libraire ne devrait point avoir le loisir de se livrer à la lecture. Ma mémoire me rappela alors l'exclamation apocryphe, mais vraisemblable, prêtée au premier maître que servit le célèbre Franklin : « Malheureux ! tu lis, et tu

« veux devenir imprimeur! »; puis je me rassurai sur l'avenir de l'industrie exploitée par les continuateurs de Gutemberg, en songeant que trop peu d'entre eux aujourd'hui s'exposent à mériter pareil reproche, et que leur art ne paraît point devoir redouter la substitution de cette dernière entrave à toutes celles dont la législation moderne leur a procuré le complet affranchissement.

Jadis il en était tout autrement. Je ne me dissimule pas que s'il peut être téméraire de vanter même à une jolie femme la beauté d'une de ses amies, il n'est guère plus facile de faire accepter l'éloge des siècles passés à des contemporains, aisément enclins à en tirer une comparaison dont se blesse leur vanité, et naturellement fort disposés à s'armer de l'autorité d'Horace, malgré son antiquité et l'inconséquence de leur raisonnement, pour reléguer l'imprudent *laudator temporis acti* au rang de ceux dont la sénilité a affaibli l'intelligence. Dussé-je courir des risques aussi dangereux pour mon amour-propre, je crois que je succomberais volontiers à la tentation hardie de braver semblable disgrâce, contre laquelle je me sens d'ailleurs bien fortifié par une abnégation obligée. Le péril serait-il en tout cas si menaçant, et n'aurait-on point quelques chances de se concilier plus d'un partisan en établissant un parallèle, notamment entre les imprimeurs du xvie et du xixe siècle, et en opposant aux connaissances quelquefois superficielles des successeurs l'érudition profonde et l'existence laborieuse de ceux qui les ont précédés?

Lorsque les ténèbres du moyen-âge se dissipèrent

aux rayons éclatants de cette brillante aurore de la Renaissance qui provoqua le réveil des sciences, des lettres et des arts ; quand, avide d'instruction, l'esprit curieux de nos pères exhuma des pieuses retraites où il était resté enseveli le dépôt précieux que le génie antique leur avait légué, alimenté et assuré par le travail patient de savants ignorés ; quand apparut ce flambeau de la civilisation soustrait aux regards et aux violences de la barbarie, et dont quelques moines obscurs, quelques pauvres trouvères avaient seuls entretenu la chaleur vivifiante, veillant, comme la vestale romaine, pour que ce feu confié à leur garde ne s'éteignît point, la vie intellectuelle se ranima et se propagea, la force brutale dut céder à de plus douces et plus saines influences, et, sous les formes les plus diverses, l'étude devint le but auquel tendirent ardemment les générations qui eurent la joie d'assister à l'avénement de cette ère d'apaisement et d'espérance. Les monastères s'ouvrirent aux recherches devenues plus générales, et les modestes et infatigables ouvriers, abrités par leurs murs, communiquèrent à une foule, que la passion du savoir guidait vers leur paisible asile, les trésors·manuscrits qui y étaient conservés avec un soin souvent jaloux ; car, il n'y a que justice à le redire après H. Langlois, « c'est « en robe noire, la tête couverte du *cucullus* et ceinte « de la couronne monacale, que, dans les Gaules, la « science est descendue des dernières époques romaines « jusqu'à nous. » A cette soif d'apprendre, toujours croissante, à cette masse sans cesse renouvelée de lecteurs, l'écriture et ses monuments ne suffirent bientôt plus, et la Providence, dont la main tient toujours en réserve un biénfait correspondant aux besoins légitimes de l'humanité, vint satisfaire ses plus nobles inspirations en suscitant la merveilleuse invention destinée, par la profusion des lumières, à populariser et augmenter les connaissances indispensables au progrès ininterrompu, qui, en élevant l'âme par l'amour du beau, l'initie à ses divines destinées et la rapproche de son Créateur.

Quels noms modernes ne pâlissent pas à côté de ceux des hommes qui ont appliqué leurs soins et leurs veilles à perfectionner cet art de l'imprimerie qu'ils trouvaient dans l'enfance! Les procédés matériels du travail étaient-ils plus négligés qu'ils ne le sont aujourd'hui, et les éditions du xvie et du xviie siècle sont-elles inférieures aux productions que notre temps a vu naître? Qui le prétendrait de bonne foi? Qui oserait, sauf une exception en faveur des Renouard, des Didot et de quelques-uns de leurs rares émules, égaler nos typographes contemporains à leurs illustres ancêtres, la plupart écrivains non moins qu'imprimeurs, Alde, Estienne, Froben dont l'atelier reçut pendant quelques mois le savant Erasme comme correcteur, Galliot du Pré, Wechel, de Tournes, Morel, Vascozan, Dolet, Plantin, Elzévir; « j'en passe et des meilleurs », tous autant et quelquefois plus érudits que les auteurs dont ils publiaient les ouvrages? Certes, après une telle liste, il est permis, sans être signalé comme un détracteur du présent, de lui préférer un passé dont l'incontestable supériorité s'affirme par de si glorieux témoignages.

D'aussi rares mérites obtenaient leur légitime ré-

compense, et, il le faut confesser à l'honneur des
souverains souvent lettrés qui ont gouverné notre pays,
leur reconnaissance se traduisait par des faveurs per-
sonnelles et par des marques d'estime, auxquelles la
législation assurait une consécration plus durable. Dès
1513, Louis XII affranchissait les libraires et imprimeurs
parisiens d'impôts pour eux et pour leurs livres, « tant
grecs, latins que françois et d'autres langues, voulant »,
ajoutait le monarque, « qu'ils jouissent à toujours de ces
« priviléges pleinement et entièrement, sans permettre
« qu'ils leur soient aucunement diminués ou énervés,
« pour la considération du grand bien qu'il est advenu
« en nostre royaume au moyen de l'art et science d'im-
« pression, l'invention de laquelle semble être plus
« divine qu'humaine. » Henri IV, dans les lettres pa-
tentes qu'il adressait, le 14 septembre 1603, au Parle-
ment de Normandie, qui les enregistrait le 15 décembre
suivant, montrait la même bienveillance à nos compa-
triotes, en ordonnant de « faire jouyr les libraires et
« imprimeurs de Rouen pleinement et paisiblement des
« priviléges, franchises et exemptions de subsides, en-
« semble de tous guets et gardes des portes, fors et ré-
« servé en cas d'éminent péril, et généralement en tous
« priviléges, franchises, immunitez, exemptions et
« affranchissemens accordez auxdits libraires et im-
« primeurs de Paris et Lyon. » Aussi, lorsqu'en 1723
un règlement général fut édicté par tout le royaume,
la première disposition qu'il contenait confirma, en ces
termes flatteurs, les exceptions que nous venons de
mentionner : « Les libraires et imprimeurs seront cen-

« sés et réputés du corps et des suppôts de l'Université,
« distingués et séparés des arts mécaniques, maintenus
« en la jouissance de tous les droits attribués à l'Uni-
« versité, et pour cela demeureront exempts de toutes
« contributions, prêts, taxes, levées, subsides, imposi-
« tions à imposer sur les arts et métiers. » Cette situa-
tion avantageuse allait se prolonger, et, lorsqu'en mars
1767 de nouvelles maîtrises furent créées, une déroga-
tion fut établie au profit des imprimeurs.

Il n'est pas de droit qui ne soit corrélatif d'un devoir,
et tout privilége implique une garantie correspondante
et tout au moins égale à l'importance de la faveur qu'il
confère. Malgré les apparences, quelquefois la réalité
du pouvoir arbitraire, l'ancienne monarchie a rarement
méconnu ce principe, et à côté de la surveillance souvent
sévère qu'elle exerçait sur les productions de la presse,
elle soumit à de rigoureuses conditions la pratique
même de l'imprimerie. Incorporés à l'Université par une
fiction légale, les imprimeurs devaient s'élever à la
hauteur où leur profession avait été placée. L'instruction
se répandait d'ailleurs, et le temps n'était plus où dans
les écoles pouvait être de mise la maxime : *grœca sunt,
non leguntur*. Le latin et le français s'enseignaient
même dans les classes inférieures des colléges, et le
consciencieux historien de l'instruction publique dans
le diocèse de Rouen avant 1789 a péremptoirement éta-
bli que l'étude du grec était assidûment suivie, notamment dans les établissements scolaires de cette ville.

Il n'y a donc pas à s'étonner que, renouvelant les prescriptions, non oubliées d'ailleurs, des 23 mars 1609,

16 mai 1615 et 20 avril 1644, le règlement de 1723 ait exigé des adeptes d'un art qu'il se refusait à comprendre au nombre des métiers, des connaissances précisées dans ses articles 20, 43 et 44, dont je crois utile de citer le texte :

ART. 44.— « Tous les aspirants à la maîtrise, fils de « maîtres ou non fils de maîtres, seront sujets à des « examens spéciaux sur l'art de l'imprimerie et de la « librairie. »

ART. 43. — « Aucun ne pourra tenir imprimerie ou « librairie s'il n'a été reçu maître, à laquelle maîtrise il « sera reçu après quatre ans d'apprentissage, trois ans « au moins de compagnonnage, vingt ans accomplis, « sachant le latin et lisant le grec. »

ART. 20. — « Aucun ne pourra être admis à faire « apprentissage pour parvenir à la maîtrise de librairie « et d'imprimerie, s'il n'est congru en langue latine, « s'il ne sçait lire le grec, dont il sera tenu de rapporter « un certificat du recteur de l'Université. »

A ce prix, combien, hélas! d'imprimeurs de nos jours pourraient-ils être apprentis, et l'extension de cette utile profession compense-t-elle suffisamment la décadence du niveau intellectuel de quelques-uns de ceux qui l'exercent? Ai-je besoin de déclarer que, fils de mon temps, je ne désire aucun retour en arrière; que je préfère la locomotion par la vapeur aux véhicules terrestres ou nautiques des siècles écoulés; que je partage l'admiration légitime accordée à ces inventions qui contraignent l'électricité à transmettre en quelques instants la pensée humaine aux extrémités du monde habité; que, partisan des réformes auxquelles une civilisation perfectionnée a donné une consécration définitive, je me félicite de vivre à une époque où les idées de liberté, de charité, de tolérance et d'égalité ont conquis, malgré quelques contradictions passagères ou apparentes dans leur pratique, le triomphe que la patiente persévérance de nos pères leur a préparé. Je ne crois pas à la nécessité du rétablissement des maîtrises, et j'estime à leur valeur les franchises qui seules donnent à l'industrie sa féconde initiative et créent une concurrence indispensable à son développement. Mais que l'on m'admette, en considération de cette profession de foi qui coûte peu à mes sentiments intimes, à formuler, sinon un vœu, du moins un regret, dont l'expression timide ne saurait froisser aucune susceptibilité. Dans l'intérêt d'un art essentiellement lié à la littérature, pour la dignité de ceux qui l'exercent en y consacrant les connaissances qu'une solide éducation leur a procurées, en souvenir de cette histoire glorieuse de la typographie qui leur a légué, avec d'illustres exemples, les noms d'ancêtres encore honorés, ne peut-on déplorer que la place laissée par ces savants ouvriers demeure presque vide, et que les institutions qui régissent leurs successeurs ne permettent point d'espérer qu'elle soit jamais et complètement remplie? Serait-il indiscret tout au moins de désirer que les épreuves auxquelles les anciens étaient soumis par la loi fussent acceptées par leurs héritiers, et qu'ils pussent représenter un brevet de capacité équivalant à celui que je transcris, à cause de l'origine de son titulaire et de la rareté de semblables documents?

« Nos Petrus Bonaventura Grenier sacræ Facultatis
« Parisiensis Doctor Theologus nec non Collegii Regii
« Rhotomagensis Primarius fidem facimus Petrum Ste-
« phanum Machuel nobis præsentatum a D. D. Oursel
« Syndico et Le Tourneur uno ex adjunctis Collegii Ty-
« pographo-Librariorum Rothomagensium ut examine
« tentaretur a nobis, interrogatum et examinatum,
« compertum esse scire latine et grœce legere, ut com-
« modo possit artem Typographo-Librariam exercere :
« quare nos ei testimoniales hasce litteras expedivimus.

« Datum Rothomagi sub sigillo nostri Collegii, die
« februarii sextâ an. 1786.

« Grenier. »

Ce certificat rappelle une des familles les plus hono-
rées dans l'imprimerie rouennaise. C'est chez les Machuel que parut, de 1774 à 1780, l'almanach intitulé *le
Tableau de Rouen*. En 1759, le *Traité des Eaux mi-
nérales de Rouen*, par Nihell, était mis en vente chez
Etienne-Vincent Machuel, dans sa boutique de la rue
Saint-Lô, vis-à-vis le Palais. Un compte de la fabrique
de la paroisse de Saint-Lô, rendu en 1761, nous apprend
qu'il en fut un des trésoriers, et son acte de décès cons-
tate que, mort, à soixante-deux ans et sept mois, le 12
août 1781, il a été inhumé aux cimetière et chapelle de
Saint-Maur ; l'un des témoins signataires est son fils,
Pierre-Etienne-Vincent-Désiré, celui sans doute à qui
fut délivrée l'attestation que nous venons de rapporter.
Le syndic des imprimeurs-libraires qui présenta le can-
didat à l'examen n'est pas non plus un inconnu : il des-

cendait de l'auteur et de l'éditeur des *Beautez de la ville de Rouen*, mort en 1729. L'échevinat et l'administration temporelle des églises comptèrent d'ailleurs toujours parmi leurs membres les plus respectés des représentants de cette profession, qu'ils relevaient par l'estime attachée à leurs personnes.

Dès 1544, le Conseil de la ville de Rouen donnait 2,000 livres tournois aux mineurs Lallemant pour les aider à relever leur atelier détruit par un incendie, et deux siècles plus tard, après avoir fourni à la Chambre de Commerce nouvellement créée son premier prieur, la même famille donnait un maire à la cité qui l'avait vu naître et prospérer de père en fils. Sur la liste des trésoriers de Saint-Godard figure aussi le nom des Lallemant, comme celui de Robert de Rouvres, leur confrère, qui comptait dans sa parenté Pierre et Jean Michel, maîtres peintres-sculpteurs à Rouen, et dont la veuve, en 1640, voulut perpétuer la mémoire par des fondations pieuses établies en cette église.

Quant au signataire de la pièce que nous venons de reproduire et devant lequel Machuel passa son examen universitaire, M. Ch. de Beaurepaire, dans l'ouvrage que nous avons déjà cité, nous a renseigné sur sa personnalité. Lorsque la direction du collége de Rouen fut enlevée aux Jésuites, elle fut remise, en vertu de l'édit royal de février 1763, à un bureau d'administration ainsi composé : l'archevêque président, le premier président, Le Sens de Folleville, de Clerc, Marouard, Langlois de Louvres, Bordier et Le Breton. Le 20 juillet de la même année, ce bureau choisissait à l'unanimité pour principal l'abbé Grenier, deuxième supérieur des Trente-Trois, à Paris, qui prit séance à l'assemblée du 1er août suivant, et qui, conformément aux prescriptions des lettres-patentes du 10 juin 1765, reçut un traitement de 1,800 livres. On le trouve exerçant encore ses fonctions en 1774 ; il dût les résigner en 1791, ayant refusé de prêter le serment civique imposé aux membres du clergé et il fût remplacé par Bignon.

Ce dernier nom, presque contemporain, m'avertit qu'il faut que je m'arrête en sollicitant l'indulgence, d'abord de ceux qui ont bien voulu me suivre, ensuite et surtout de ceux dont j'ai parlé. Je tiens, en effet, bien que nos lois récentes aient aboli le délit d'excitation au mépris d'une classe de citoyens, à ne pas encourir le reproche de profiter de ce bienfai tdont tant d'autres abuseront à ma place, et je ne ménagerai aucune précaution pour ne pas provoquer la rancune des imprimeurs : leur vengeance serait si facile à satisfaire dans une des occasions trop nombreuses où je fais *gémir* la presse, comme ils le diraient avec une malice, sans doute justifiée, et que je leur pardonne d'avance, en les suppliant de ne pas joindre leurs fautes à celles de l'auteur.

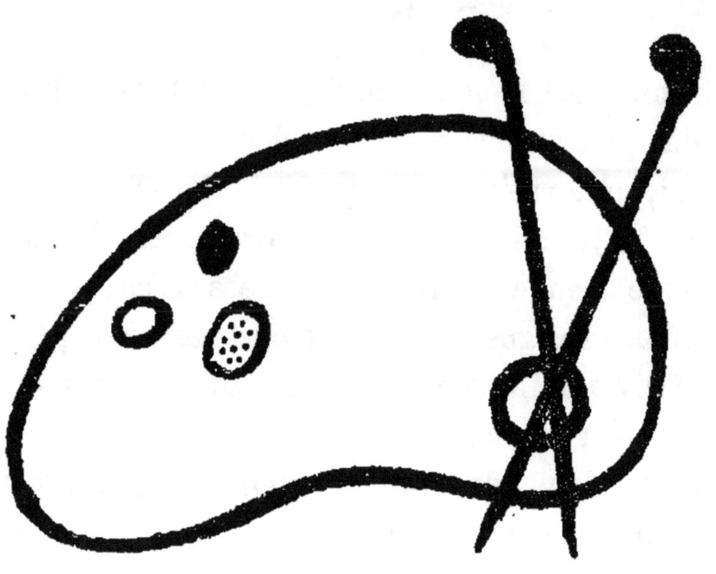